Frauenspuren in Mödling II

Wir danken der Stadtgemeinde Mödling für die Unterstützung

stadt GEMEINDE
Mödling

Frauenspuren in Mödling II

Herausgegeben von
Gabriele Schätzle-Edelbauer, Sylvia Unterrader,
Raphaela Edelbauer, Lena Treitler

vielzeitig - Verein für die Vermittlung von Zeitgeschichte

Bibliografische Information der Deutschen Nationalbibliothek: Die
Deutsche Nationalbibliothek verzeichnet diese Publikation in der
Deutschen Nationalbibliografie; detaillierte bibliografische Daten sind
im Internet über dnb.dnb.de abrufbar.

„Herstellung und Verlag: BoD – Books on Demand, Norderstedt"

ISBN 9783746019079

Inhaltsverzeichnis

Editorial

Sechs Frauen waren es, die wir im letzten Jahr in unserer ersten Publikation „Frauenspuren" wieder ins Bewusstsein der Öffentlichkeit bringen konnten.

Frauen, die in Mödling gewirkt und oftmals Außergewöhnliches geleistet hatten, ob in der Politik, ob in der Kunst, ob mit ihrem sozialen Engagement - mit ihrem Mut und ihrer Kreativität haben sie immer wieder zum Wohle ihrer Umgebung und ihrer Mitmenschen beigetragen.

Zahlreiche Interessierte begleiteten uns bei Spaziergängen zu den Wirkstätten der beschriebenen Persönlichkeiten, andere machten uns Vorschläge, denn hier kannte man die eine besondere Frau, dort nannte uns jemand einen weiteren Namen.

Besonders erfreulich ist, dass wir erreichen konnten, dass das Verhältnis zwischen männlichen und weiblichen Bezeichnungen der Straßen oder Plätze ein klein wenig verschoben wurde: Seit September 2017 führt die Lisl-Engels-Brücke über den Mödlingbach, benannt nach der in Mödling geborenen Künstlerin, deren Geschichte Sie in unserer vorigen Publikation nachlesen können.

Dies war jedoch nur der Anfang, der erste Schritt.

Doch vorerst begaben wir uns erneut auf Spurensuche, gingen Hinweisen nach, recherchierten Hintergründe, besuchten Museen, fragten bei Institutionen an, suchten nach Originalmaterialien und sprachen mit

Familienangehörigen, Weggefährtinnen und -gefährten sowie zahlreichen Personen, die uns unterstützten und denen wir an dieser Stelle besonders danken möchten.

Und so haben wir weitere sechs Frauen vor den Vorhang geholt, deren Lebenslinien unterschiedlicher nicht sein könnten, jedoch zeigen ihre Geschichten deutlich, wie schwierig das zwanzigste Jahrhundert mit seinen Brüchen für einige, für manche mehr als für andere, war.

Es waren für uns Monate voller interessanter Begegnungen und Gespräche, die uns bereichert und vieles uns Unbekanntes ans Licht gebracht haben.

Schwester Maria Restituta

„Nun, wie lange ich noch in diesen Mauern bleiben muss? Wohl um keine Sekunde länger, als es mein himmlischer Vater bestimmt, und dies genügt. Den Berg hinan gehe ich gern, denn von dort ist es nicht mehr weit in die ewige Heimat."[1]

Als Schwester Restituta, geborene Helene Kafka, Mitglied des Franziskanerordens und ausgebildete Krankenschwester, im Jahr 1942 des Hochverrats angeklagt im Wiener Landesgefängnis saß, durfte sie nur alle 30 Tage einen Brief schreiben. Dieser monatliche Brief musste einen weiten Weg zurücklegen: Um der Zensur zu entsprechen, wurde er von Wien erst nach Berlin zur zuständigen Behörde geliefert, um schließlich, oft erst vier Wochen später, wieder in Wien oder Mödling bei dessen Adressaten anzukommen.

Denn Schwester Restituta war als Feindin des Reiches inhaftiert und es erwartete sie die Exekution – hätte sie sich so kritisch geäußert, wie sie es gewollt hatte, so kritisch wie in dem Text, der zu ihrem Todesurteil geworden war, wäre ihr auch dieser letzte Weg, mit ihren Vertrauten zu kommunizieren, verwehrt geblieben.

„Ich warte jeden Tag, ob mein Kreuzweg bald die Höhe Kalvarias erreicht oder ob der liebe Gott es anders beschlossen hat. Doch ob so oder so, sein heiliger Wille geschehe. In diesem seinem heiligen Willen liegt mein ganzer Trost, und täglich sage ich aufs neue „ja, Vater", und es geht alles gut."[2]

Maria Restituta ist eine der wenigen Frauen, denen heutzutage in Mödling eine Straße gewidmet ist, und das mehr als zurecht: Als Widerstandskämpferin während des Nationalsozialismus´ wurden ihr posthum zahlreiche Ehrungen zuteil. Man mag freilich argumentieren, dass diese Ehrungen für die Frau, die 1894 in Brünn geboren wurde, zu spät kamen – wer ihre Biografie studiert, begreift aber, dass es ihr selbst zeitlebens nie um Äußerlichkeiten oder Ruhm ging.

Die als Schuhmachertochter im Alter von zwei Jahren nach Wien gekommene Helene Kafka zeigte schon in jungem Alter nicht nur die Tendenz, in jeder Lage ihrem

Gewissen zu folgen, sondern auch jene Starrköpfigkeit, die ihr später an ihren Arbeitsplätzen den Spitznamen "Schwester Resoluta" einbrachte.

Als sie sich mit 19 Jahren dem Franziskanerorden angeschlossen hatte, beeilte sich die frischgebackene Ordensfrau auch eine Krankenschwester zu werden. Zunächst Krankenpflegerin in Lainz, kam sie schließlich nach Mödling in das örtliche Krankenhaus.

Nachdem sie vorerst ab 1919 als Operationsschwester den nach dem Ersten Weltkrieg dringend benötigten Chirurgen zur Hand ging, arbeitete sie sich zur Oberschwester hoch. Nicht nur ihre Kompetenz, sondern auch ihr lockerer Umgang mit schwierigen Situationen machten Restituta beliebt – und das auch außerhalb des Krankenhauses.

Josefine Zimmerl, Mitglied der Widerstandsgruppe Scholz, mit der sie später in Haft sitzen sollte, berichtete in einem Brief, der dem Dokumentationsarchiv des Österreichischen Widerstands vorliegt, vom Eindruck, den die resolute Frau auf sie machte:

„Schwester Restituta war eine Frau von großem Format. Ihr ruhiges Gottvertrauen war erhaben, ihre hohe Intelligenz mit soviel echt österreichischem Humor machte jede längere Fühlungnahme mit ihr zu einem wahren Stahlbad. Aber nicht nur Personen mit religiöser Einstellung, auch glaubenslose Außenstehende hat sie ganz einfach in der Kraft ihrer Überzeugung mitgerissen. Die vielen im Hause befindlichen Mitglieder der KP verehrten sie geradezu. "[3]

Der verhängnisvolle Moment im Leben Restitutas trat ein, als Österreich 1938 entschied, sich dem von den Nationalsozialisten regierten Deutschen Reich anzuschließen. Probleme ließen nicht lange auf sich warten: Nicht nur war für sie das Österreichische ein wichtiger Teil ihrer Identität, den sie keinesfalls abzulegen bereit war, sondern sie störte auch die Tatsache, dass die NSDAP das Ordensleben empfindlich einschränken wollte: Auch im Krankenhaus, das nach dem Anschluss ordentlich umgekrempelt wurde, blieben Konflikte nicht aus. Insbesondere mit einem Arzt namens Dr. Lambert Stumfohl, seit geraumer Zeit glühender Anhänger des Nationalsozialismus', kam es zu unterschiedlichen Auffassungen. Mit dem Plan der Krankenhausleitung, die Kreuze aus den Krankenzimmern und Operationssälen zu entfernen, konnte sie sich nicht anfreunden.

Zur ihrer persönlichen Katastrophe kam es im Jahr 1942, als selbigem Arzt ein Flugblatt in die Hände fiel, das Maria Restituta mit einer Komplizin gedruckt hatte, die sie trotz brutalster Verhörmethoden der Gestapo niemals verraten hat. Auf dem Flugblatt war ein regimekritisches „Soldatenlied" abgedruckt, das man in der Anklageschrift nachlesen kann:

„Unser Gold und Kunstschätze gleich,
schleppen sie in ihr abgewirtschaftetes Nazireich.
Der Tag der Vergeltung ist nicht mehr weit
Soldaten gedenkt eures ersten Eid!
Österreich!
Wir Österreicher auf uns gestellt
Hätten Frieden und Freundschaft mit aller Welt!" [4]

Am 18. Februar wurde Schwester Restituta von der Gestapo festgenommen wegen des Verbrechens *„während des Krieges gegen das Reich der feindlichen Macht Vorschub zu leisten und der Kriegsmacht des eigenen Reiches einen Nachteil zu verschaffen."*[5] Direkt im Operationssaal wurde sie am Aschermittwoch verhaftet und in die Strafvollzugsanstalt Rossauer Lände eingeliefert.

Ihre Briefe geben eindrucksvoll Zeugnis davon, wie sehr ihr Glaube sie in der Zeit vor ihrer bald darauf verhängten Exekution stützte: *„Ich selbst bin so ruhig und ergeben, weiß ich ja ganz bestimmt, dass mein Herrgott über mich wacht und dass der liebe Gott mir nicht mehr auferlegt, als ich tragen kann."*[6] Und: Selbst im Gefängnis war sie noch humorvoll und freundete sich schnell mit jedem an. Ihre kommunistische

Mitgefangene Anna Haider war angetan von Restitutas Menschlichkeit. *„Sie hat geholfen ohne Rücksicht auf Nationalität oder Weltanschauung, ob jemand katholisch war oder konfessionslos oder kommunistisch war oder sozialdemokratisch oder christlich-sozial, da hat sie weder gefragt, noch hatte es irgendeine Bedeutung für sie. Sie hat die Menschen sichtlich wirklich gerne gehabt."*[7]

Als Maria Restituta am 30. März 1943 ermordet wurde, lautete der Sterbeeintrag des Gefängnispfarrers Eduard Köck: *„Gelübdeerneuerung. Hat durch ihr vorbildliches Verhalten in der Armensünderzelle einige Mithäftlinge zur katholischen Kirche zurückgeführt. Starb gefasst und Gott ergeben."*[8]

Das Echo von katholischer Seite war immens: Die Briefe aus der Haft wurden schon bald nach ihrem Tod als Tischlesungen beim Konvent der Franziskanerinnen vorgetragen, es begannen sich Stimmen zu melden, die Restituta für eine Märtyrerin im eigentlichen Sinne hielten. 1998 schließlich wurde Maria Restituta selig gesprochen – beim Besuch des Papstes Johannes Paul

II., der später sogar eine ganze Basilika den Märtyrern des 20. Jahrhunderts widmete. In dieser, der Basilica San Bartolomeo all' Isola, wird seit 2013 eine Reliquie der Seligen aufbewahrt: ein Umhängekreuz, das Restituta getragen hatte. In Mödling schließlich ist sie die zweite Frau (nach Elsa Brändström), die, ohne Adelige gewesen zu sein, einen eigenen Straßennamen bekommt – eine Ehrung für ein Leben, das bereitwillig gegeben wurde, um sich einem menschenverachtenden Regime entgegenzustellen.

 In der Stadtpfarrkirche St.Othmar wurde am 28. März 2003 im Rahmen eines feierlichen Hochamts eine Glocke auf ihren Namen geweiht.

Vor dem Mödlinger Krankenhaus erinnert zudem seit dem 14. August 2006 ein Stolperstein an Schwester Maria Restituta Kafka.

Kurzbiografie Schwester Maria Restituta Kafka (Helene Kafka)

*1. Mai 1894 Hussowitz bei Brünn

Eltern: Schuhmacher Anton Kafka und Maria Stehlík

1896 Umzug nach Wien, nach dem Schulbesuch Arbeit als

Hausmädchen, ab 1914 Hilfspflegerin in Lainz. Mit 19 Beitritt

zur Ordensgemeinschaft der Hartmannschwestern. Ab 1919

Operationsschwester im Krankenhaus Mödling, später

Oberschwester der chirurgischen Abteilung

Nach Denunziation durch einen Arzt am 18. Februar 1942 im

Operationssaal von der Gestapo verhaftet

29. Oktober 1942 wird sie zum Tode verurteilt und am

30. März 1943 durch Enthauptung hingerichtet

21. Juni 1998 Seligsprechung durch Papst Johannes Paul II

Anm. 1-8 aus den Originaltexten; Quelle DÖW (Dokumentationsarchiv des österreichischen Widerstandes);
Weitere Quellen: DÖW Artikel Ursula Schwarz,
https://www.doew.at/erinnern/biographien/spurensuche/maria-restituta-helene-kafka-1894-1943
Website Pfarre St. Othmar; Website Stadtgemeinde Mödling
Abb. S. 11 u. 14: DÖW
Abb. S. 16: Restitutaglocke Pfarre St. Othmar

Waltraut Eschelmüller

Man sagt, manche Menschen seien für die Bühne geboren und würden schon in frühestem Kindesalter unweigerlich auf sie zustreben.

1934 in Pernitz bei Gutenstein saß ein Mädchen von kaum zehn Jahren, dessen Traum ein Leben als Tänzerin war, am elterlichen Esstisch, als die Nachrichten, in denen nur mehr von den Kämpfen des österreichischen Bürgerkriegs gesprochen wurde, auf einmal unterbrochen wurden. Das Radio hatte noch keine Lautsprecher – es war eines von den frühen Modellen, die nur mit einem Kopfhörer funktionierten – und als das Mädchen die Musik hörte, war es nicht mehr zu halten.

Das Radio ebenfalls nicht - es fiel auf den Boden, zerbrach und musste durch ein neues ersetzt werden. Ein erstes Drama, eine Darbietung: Und vielleicht ein Omen für Traute Eschelmüllers Leben, das ein Leben auf der Bühne sein würde, im Rampenlicht, immer beim Lernen einer neuen Rolle oder einer Choreographie.

Bis das Mädchen, das schon in jungen Jahren so vom Tanzen begeistert war, schließlich ihre große Liebe zum Beruf machen würde, sollte es noch ein Weilchen dauern. Denn zunächst kam der Krieg: Nachdem die 1924 geborene Waltraut die NAPOLA[9] absolviert hatte, interessierte sie der Ernährungsbereich und sie ließ sich zur Ernährungs- schwester (das, was wir heute als Diätologin bezeichnen würden) ausbilden, um danach – und hier vollzieht sich wiederum eine Wende in ihrer Biografie – den Beruf der Fotografin zu erlernen. Dies tat sie wohl auf Anraten ihres Vaters, der seine Tochter lieber in einem „soliden Beruf" gesehen hätte, war er doch selbst Schuldirektor gewesen.

Zunächst als Hobby und auf eigene Kosten belegte sie nebenbei Fecht-, Sprech- und Tanzkurse, die sie doch weiterhin mit dem alten Traum verbanden: auf der Bühne stehen, tanzen, singen ...

Nach Kriegsende rückte das Ziel wieder in ein realistisches Licht: Immerhin war es jetzt keine Herausforderung mehr, wie während der Bombenangriffe, zwischen den einzelnen Kursorten hin und her zu wechseln, und so traf Traute Eschelmüller eine Entscheidung: Sie will endlich mit einem konsequenten Schauspielstudium beginnen – einem mit Abschluss und ersten Profirollen, eine dramatische Wendung im eigenen Leben. In den Jahren, die dem Krieg folgten, lernte sie bei Walter Gynt, Zdenko Kestranek und Paul Barnay. Die Aufnahme in die Schauspielklasse schaffte sie mit einer überzeugenden Darbietung von Schillers *„Bürgschaft"*.

Das Jahr 1946 brachte eine weitere Veränderung: Denn in diesem Jahr zog Traute Eschelmüller nach Mödling, wo ihre Großeltern und viele aus der Familie ihre Wurzeln hatten (sie war die Cousine der Malerin Lisl Engels) und wo sie schließlich bis zu ihrem Tod lebte.

Nach dem Ende ihrer Ausbildung, die sie zu drei verschiedenen Lehrern geführt hatte, die jeweils unterschiedliche Stärken an sie weitergaben, von denen sie schauspielerisch profitieren konnte, wartete auf Traute Eschelmüller ihr erstes Engagement am Stadttheater Baden, wo sie als Kriemhild in Max Mells „Der Nibelungen Not" debütierte - eine Rolle, die sie als zu pompös, zu heroisch für sich selbst erachtete. Ihr Rollenfach in den folgenden Jahren passte dann doch besser zu ihrem Selbstbild: Es waren die Charaktere der „jugendlich Naiven" oder „der kleinen Salondame", elegant, aber nicht mondän, wie beispielsweise die Rolle der Frau von Fischer in Nestroys *„Einen Jux will er sich machen"*, die zu ihrer Paradedisziplin wurden - als Nestroy-Darstellerin hat sie sich jedoch nie gesehen. Sie lernte viel dazu in diesen Jahren, spielte die Melitta in *„Sappho"*, die Eve im *„Zerbrochenen Krug"*, die Eliza in *„Pygmalion"* und viele Rollen mehr, die ihr Talent schließlich reifen ließen. 1950 bekam sie die Gelegenheit, bei einer Tournee des *„Jedermann"* mitzuwirken - und an der Seite berühmter Schauspieler und Schauspielerinnen wie Attila Hörbiger und Paula Wessely als *„Gute Werke"* auf der Bühne zu stehen.

Gleichgültig stand sie hingegen den Operettenrollen gegenüber, die für sie auserkoren wurden, und die sie, da ihr das Genre nicht zusagte, wie Pflichtveranstaltungen absolvierte, an die sie sich später kaum mehr erinnern wird. Da man in Baden nur dann gute Schauspielrollen bekam, wenn man Operettenpartien ebenfalls übernahm, und auch weil ihr die halbherzige Regie am Haus nicht zusagte, entschied sich Eschelmüller im Jahr 1954, an ein anderes Theater zu wechseln.

Über die pathetischen Regiegebräuche am Badener Theater machte man sich im Eschelmüllerschen Haushalt noch Jahrzehnte später lustig: Am Theater musste man zuletzt, um emotionale Bewegung zu spielen, eine Hand ergriffen zum Himmel heben – und wenn das nicht wirksam genug war, ganz einfach beide.

„Kreativität auf dem Niveau von - Hebt beide Hände",
nannte das Traute Eschelmüller und war froh, am
Städtebundtheater in Solothurn ins Ensemble
aufgenommen zu werden.

Dort fühlte sie sich in künstlerischer Hinsicht endlich
angekommen: Alles, was sie in den vorhergegangenen
Jahren gelernt hatte, kam ihr nun zugute und vermengte
sich zu einem Stil, der sie durch wichtige Rollen der
Weltliteratur leitete. Vom antiken Drama bis zur
progressiven Sozialkritik wurde in Solothurn beinahe
alles gespielt - wobei Traute Eschelmüller insgesamt über
100 Hauptrollen bekleidete. So wurde beispielsweise
auch die - für die damalige Zeit äußerst schockierende -
Theateradaption des Tagesbuchs der Anne Frank
gezeigt.
Das Engagement am progressiven Haus wurde von
Seiten des Intendanten zu ihrem Leidwesen mit dem
Beginn ihrer Schwangerschaft aufgelassen.

Sie zog zurück nach Mödling und brachte ihren Sohn Anatol zur Welt. Bald darauf fand sie wieder eine neue Stelle im Theater in der Josefstadt, doch dort war die Atmosphäre nicht ganz das ihre: Insbesondere unter den weiblichen Ensemblemitgliedern herrschte angespannte Stimmung; man verfolgte genau, wer welche Rolle bekam, und das häufig mit Missgunst. Die Männer nahmen sich hingegen rücksichtslos, was sie wollten, und sahen die Schauspielerinnen als Werkzeuge, die sich für den "großen Maestro", den Regisseur, am besten prostituieren sollten, um gute Rollen und Regieanweisungen zu bekommen.

Traute Eschelmüller ruhte sich, auch wenn die Lage nicht optimal war, selten auf ihren Erfolgen aus, blieb in Bewegung und startete eine Vielzahl an Projekten.

Selbst den Sprung ins damals beileibe nicht so verbreitete Medium des Fernsehens schaffte sie gekonnt und war unter anderem in *„Gericht bei Nacht"* und *„Schwester Angelica"* auf den jungen Sendern RAI, SRG und ORF zu sehen. Dennoch wurde der Druck in der Josefstadt, der noch immer von unangenehmen Zudringlichkeiten geprägt war, irgendwann zu viel. Die Krankheit ihrer Mutter sorgte 1959 dafür, dass sich die Distanz zwischen ihr und der Schauspielwelt noch vergrößerte.

1960 traf Traute Eschelmüller eine für viele Darsteller und Darstellerinnen vielleicht nicht nachvollziehbare Entscheidung: Sie zog sich von der Bühne zurück und wandte sich ihrem früher erlernten Beruf, der Fotografie, zu. In Mödling baute sie sich ein Fotoatelier auf und war nur mehr sporadisch als Darstellerin tätig.
Als Fotografin war sie vor allem als Portraitistin geschätzt, fertigte ebenso unzählige Ansichten von

Mödling und der die Stadt umgebenden Landschaft an. Jahrelang wurden Postkarten nach ihren Negativen von der Buchhandlung Thomas lokal vertrieben. Das umfangreiche Negativarchiv befindet sich heute im Besitz des Museums Mödling. Gleich, ob als Portrait-Fotografin oder als Keramikerin von vor allem figuralen Objekten, ein Hobby, das sie lebenslang begleitete, gestaltete sie weiterhin „Bilder von Menschen", was letztendlich der darstellerischen Gestaltung auf der Bühne verwandt ist. Die lebenslange Liebe zum Text freilich blieb: In der Literarischen Gesellschaft Mödling war sie lange Zeit noch als Vortragende präsent. Und auch in ihrer endgültigen Heimat, in Mödling, stand sie bei Veranstaltungen der Stadtgemeinde immer wieder gerne zur Verfügung, wenn Vortragende gefragt waren.

Traute Eschelmüller starb am 28. August 2010.

Kurzbiografie Waltraut Eschelmüller

12. Oktober 1924 in Wien,

Eltern: Dir. Karl Eschelmüller & Camilla, geborene Löderer

Schulbildung: Volks- und Hauptschule in Pernitz, NÖ,

Oberstufen-Gymnasium der NAPOLA in Wien XIV

Berufsausbildung: Diätologin (1942,) Fotografin (ab 1943),

Schauspielerin (ab 1943)

Berufliche Laufbahn: Stadttheater Baden bei Wien ab 1948/49.

Städtebundtheater Biel-Solothurn, Theater in der Josefstadt ab

1958/59

Fotografin in Mödling von 1961-1982

Nach ihrer Pensionierung großes Interesse an der eigenen

spirituellen Entwicklung, Beschäftigung mit Yoga und

Meditation etc.

Sie stirbt am 28. August 2010 in Mödling

Anm 9: NAPOLA: Nationalpolitische Erziehungsanstalten; waren Internatsoberschulen der Nationalsozialisten
Quellen: Interview Dr. Anatol Eschelmüller
Alle Fotos Privatarchiv Dr. Anatol Eschelmüller
Abb. S. 19 Traute Eschelmüller als Maria in "Schwester Angelica" von Puccini 1959
Abb. S. 22 "Das Ei" von Felicienne Marceau Oktober 1958
Abb. S. 24 Auf der alten Terrasse im Haus Parkstr. 10 1953
Abb. S. 25 Im Atelier 1975

Mitsuko Coudenhove-Kalergi

Japan im März 1892. Im Umland von Tokyo steht die Zeit der Kirschblüte kurz bevor – eines der wichtigsten traditionellen Feste, Hanami, was übersetzt *„Blüten-betrachten"* heißt. Das ganze Land ist wie jedes Jahr während dieser Tage in kollektiver Euphorie – immerhin wartet man noch auf das Aufbrechen der Knospen und den Beginn der Feierlichkeiten, die darauf folgen werden. Die ganze Stadt wird bald in Rosa und Weiß erstrahlen. Wofür die Kirschblüte steht, ist zweideutig: Auf der einen Seite ist sie ein Symbol für den nahenden Frühling, für den Neuanfang, einen frischen Start. Auf der anderen Seite aber ist Hanami kurz – nur zehn Tage blühen die Bäume – und deswegen schwingt immer auch ein Gefühl der Vergänglichkeit und des schnellen Verfalls mit.

Ob Mitsuko Aoyama, baldige Coudenhove-Kalergi, an ihrem Hochzeitstag, dem 16. März, diese doppelte Symbolik auch auf ihr eigenes Leben hin bezog, ist ungewiss.

Ein Neuanfang – ja, der stand auch ihr bevor, doch ob sie diesem freudig oder bang entgegenblicken sollte, war

 noch nicht entschieden. Nun hieß es erst einmal, vor den Altar treten – und das nach christlichem Ritual, denn der Mann, den sie heiraten wird, ist Bürger des K.u.k-Reichs und Mitsuko Aoyama frisch getaufte Katholikin. Erst vor kurzem hatten japanisches sowie österreichisches Konsulat der ungewöhnlichen Verbindung zwischen der japanischen Antiquitäten-händlertochter und dem österreichischen Adeligen zugestimmt, doch die Geschichte dahinter könnte aus einem Märchen stammen: Keine diplomatischen oder ökonomischen Gründe führten zu dieser Hochzeit, sondern allein der Zufall. Als Heinrich Coudenhove-Kalergi eines Tages auf seinem Pferd vor dem Antiquitätengeschäft der Aoyamas vorbeiritt, bockte das

Ross und stürzte mitsamt seinem Besitzer. Dieser wurde mit Unterstützung der erst 17-jährigen Mitsuko wieder aufgerichtet.

Für beide war es Liebe auf den ersten Blick: Häufig kam von nun an der in seinen Sitten so fremd scheinende Europäer, der doch perfekt Japanisch sprach und mit der Geschichte der Region bestens vertraut war, im Laden vorbei.

Dass die beiden schließlich heiraten konnten, bedurfte einiger Bemühungen, insbesondere gegenüber Mitsukos Eltern, immerhin hatte sich die kaum Volljährige doch ein Leben lang auf die traditionelle Frauenrolle in der japanischen Gesellschaft vorbereitet. Mitsukos Vater war gar der Ansicht, der Bewerber um die Hand seiner Tochter sei ein „europäischer Teufel". Doch die Widerstände ließen sich überwinden – immerhin dachte zu dieser Zeit ihr Mann Heinrich nicht ans Heimkehren nach Europa, wollte am liebsten ein Leben lang in Japan bleiben und hatte aus diesem Grund sogar das elterliche Vermögen abgelehnt.

Die ersten beiden Kinder des Paares wurden in Tokyo geboren, dann kam der große Schock: Nachdem 1893 der älteste Sohn Heinrichs anstatt Heinrich selbst das Erbe seines Großvaters antreten musste, war eine Rückkehr nach Europa unumgänglich. Für Mitsuko stand außer Frage, dass sie ihren Mann begleiten würde. Was für heutige Frauen wie eine Kleinigkeit, die romantische Entscheidung eines Paares klingt, war für eine japanische Gattin in diesen Jahren praktisch undenkbar: Dieser Schritt war so gravierend, dass die japanische Kaiserin sie vor ihrer Abfahrt zu einer Audienz lud, um ihr noch einmal einzuschärfen, auch im Ausland die japanischen Tugenden hochzuhalten und ihrem Land und ihrer Erziehung Ehre zu machen.

Das passte ins Bild: Mitsuko Coudenhove-Kalergi war immerhin ihr gesamtes Leben darauf vorbereitet worden, die perfekte japanische Ehefrau zu werden: Sie beherrschte das Spielen traditioneller Instrumente, wusste profund über japanische Geschichte Bescheid, war darauf bedacht, sich anmutig zu bewegen und zu kleiden sowie sich stets nach den Regeln japanischer Höflichkeit zu verhalten.

All das verlor an Bedeutung, als Lady Mitsuko, wie sie
später genannt wurde, im Jahr 1893 in Österreich

ankam. Sie empfand sich
als Fremdkörper in Europa,
als gefangen im falschen
Film – das Deutsche ging
ihr nur zögerlich über die
Lippen, während die beiden
Kinder mit der Veränderung
des Umfelds problemlos
zurechtkamen und bald in
der für Mitsuko fremden
Sprache parlierten. Sie
fühlte sich beobachtet,
obwohl sie versuchte, sich den kulturellen Gegeben-
heiten möglichst anzugleichen. Am glücklichsten war sie,
wenn sie zuhause blieb und ihrem Mann, den sie „mein
Gentleman" nannte, Tee servierte – dann sah sie ihm
manchmal stundenlang zu, wie er arbeitete oder an
seinem Schreibtisch saß. Das Paar lebte in Harmonie
und die Familie wuchs – fünf weitere Kinder wurden in
Österreich geboren, und obschon Mitsuko weiterhin im
Herzen Japanerin war, wurden alle in europäischer

Tradition erzogen. Auch sie selbst strebte nach weiterer Bildung: Sie studierte Jus und Wirtschaft, lernte Französisch, Mathematik und Geographie.

1906 jedoch folgte für sie ein schwerer Schicksalsschlag: Ihr Mann Heinrich starb unerwartet an einem Herzinfarkt.

Nicht nur stand sie nun alleine mit sieben Kindern und ungenügenden Sprachkenntnissen in einem kulturellen Umfeld, das ihr fremd war – außerdem musste sie nun die Verwaltung der böhmischen Güter im Familienbesitz übernehmen. Die Situation gestaltete sich problematisch: Verschuldete Grundstücke und administrative Hürden erschwerten ihr Leben – ganz abgesehen von der

Erziehung der Kinder, denen Mitsuko die beste Ausbildung ermöglichen wollte. Aus diesem Grund zog die Familie im Jahr 1908 nach Wien.

Nachdem ein Großteil der Kinder schließlich aus dem Haus war, übersiedelte sie 1924 zu ihrer ältesten Tochter Olga nach Mödling. Dort fühlte sich Lady Mitsuko nicht unbedingt wohler – ganz im Gegenteil, sie zog sich umso mehr zurück, besonders da sie kurz zuvor einen Schlaganfall erlitten hatte, und starb 1941 nach Jahren der gesellschaftlichen Abgeschiedenheit.

Zum Grundstein ihres Ruhmes in der Nachwelt wurden jene Aufzeichnungen, die sie ab 1929 ihrer Tochter diktiert hatte, und die als Memoiren einer Diplomaten-gattin in Japan veröffentlicht wurden. Bald begann sich ein Art Sisi-Mythos um das Leben Lady Mitsukos zu entwickeln. Ein wenig Feminismus, in Auflehnung gegen die gängigen Rollenbilder, ein wenig Abenteuer in fernen Ländern, ein wenig Tragik im frühen Tod des Gatten – das war die Mischung für das Erfolgsrezept diverser Manga-, Buch- und Musicalproduktionen, die Mitsukos nicht immer glamouröses Leben mit der für die Vermarktung nötigen Kitschpatina überzog.

Die Stadtgemeinde Mödling ehrte Mitsuko Coudenhove-
Kalergi 2008 mit der Errichtung eines von Masumi

Schmidt-Muraki
gestalteten Zen-
Gartens hinter dem
Museum.
2014 wurde anläss-
lich des 140. Ge-
burtstages eine
Ballettproduktion im
Wiener Museums-
quartier uraufgeführt – der letzte Schritt zur Legenden-
werdung.

Kurzbiografie Mitsuko Coudenhove-Kalergi

*1874 in Tokyo als Tochter eines Antiquitätenhändlers

1892 Heirat mit Heinrich Coudenhove-Kalergi, die ersten beiden Kinder Hans und Richard wurden in Tokyo geboren

1893 Heinrich muss samt Frau und Kindern nach Europa zum böhmischen Gut zurück. Mitsuko ist somit eine der ersten japanischen Frauen, die nach Europa gingen

1906 stirbt Heinrich unerwartet

1908 Umzug nach Wien

1924 übersiedelt sie zu ihrer Tochter Olga nach Mödling, wo sie sich sehr zurückzieht und Olga ihre Memoiren diktiert

Am 27. August 1941 stirbt sie in Mödling

Quellen:
Loidl, Brigitte: Barbara Coudenhove-Kalergi. Eine Biographie. Wien: Diplomarbeit Universität Wien 1997.
http://diepresse.com/home/leben/mensch/1342929/CoudenhoveKalergi_Gebts-endlich-eine-Ruhe, Zugriff: 09.05.2017
https://kurier.at/stars/barbara-coudenhove-kalergi-autobiografie-einer-zeitzeugin/2.880.114, Zugriff: 09.05.2017
http://orf.at/stories/2163688/2163696/, Zugriff: 12.05.17
http://www.museum-moedling.at/graefin%20mitsuko.htm, Zugriff: 12.05.17
Coudenhove-Kalergi, Barbara: Zuhause ist überall. Erinnerungen. Wien: Paul Zsolnay Verlag 2013.
Abb. S. 29 Mitsuko 1896, Museum Mödling
Abb. S. 32 Wikipedia gemeinfrei
Abb. S. 33 Mitsuko mit Kindern 1903. Museum Mödling
Abb. S. 35 Zengarten: Museum Mödling

Paula Schwamberger

Drei Frauen:

Die erste ist Tochter einer Familie, die ein Schwimmbad betreibt – ein lebendiges Mädchen, das sommers an einem Becken tobt, das ihr selbst erscheint, als würde es nur ihr gehören, und sich winters am Natureislaufplatz an derselben Stelle verausgabt. Sie ist ein Kind der Stadt Mödling: Die Leute kennen ihre Großmutter, die in den 1870ern das Schwarzbad errichtet hatte, das einige Jahre später bereits zu den Mittelpunkten des gesellschaftlichen Lebens zählte. Später wird die nun junge Frau kräftig beim Badebetrieb mithelfen; diesem Ort, der für sie ein Stück Zuhause bedeutet, bleibt sie ein Leben lang verbunden.

Die zweite Frau ist auf der Bühne daheim, und das schon in frühesten Jahren: Seit sie elf ist, steht sie auf der Bühne – nun, mit fast dreißig, nimmt ihre Karriere immer mehr Fahrt auf. Vor allem in Mödling ist sie für ihre „Bunten Abende" bekannt, doch in den späten Dreißigern reüssiert sie auch in der NS-Freizeitorganisation „Kraft durch Freude" und etabliert sich als Sprecherin für

Rundfunkaufnahmen. Auch tritt sie 1940 der Reichsfilmkammer bei, um Auftrittsmöglichkeiten zu erhalten. Parteimitglied wird sie jedoch nie. Sie beginnt – und das würde später noch bedeutsam werden – auch selbst zu schreiben.

Die dritte Frau hat ein trauriges Schicksal: Das Unternehmen ihres Mannes, an dem die Existenzen beider hängen, geht bankrott. Ihr eigenes Erbe, das für den maroden Betrieb aufs Spiel gesetzt wurde, ist verloren. Sie ist gezwungen zuzusehen, wie das Wiener Haus der Eltern aufgegeben werden muss. Immer wieder plagen sie depressive Verstimmungen und Gefühle der Ausweglosigkeit. Auch eine zweite Firma ihres Mannes, diesmal auf ihren eigenen Namen, geht in Konkurs. Am schwersten aber trifft sie, dass er in den Zweiten Weltkrieg ziehen muss und kaum je auf Heimaturlaub kommt. Aus diesem Krieg wird er nie wieder heimkehren.

Drei unterschiedliche Schicksale, vereint in einer Person: Paula Schwamberger, Schauspielerin, Sprecherin, Märchenautorin, Schwimmbadbesitzerin, Mutter, Regisseurin, Multitalent …

Geboren wurde sie im Jahr 1902 in Mödling als Tochter von Josef Mildner, einem Stadtbaumeister in Wien, und Maria Schwarz. 1906 zog die junge Familie nach Mödling, wo die Großeltern mütterlicherseits bereits etablierte Bürger waren und ein Schwimmbad betrieben. Dessen Leitung übernahm Paulas Mutter Maria Schwarz im Jahr 1919. In der Stadt, die Paula bald als ihre Heimat schätzen lernte, absolvierte sie ihre gesamte Schullaufbahn längst mit einem Ziel im Kopf: Seit sie im frühen Gymnasialalter bei einer Vorstellung des Lyzeums in der Mödlinger Bühne die Titelrolle spielen durfte, war sie von der Idee besessen, Schauspielerin zu werden. *„Schließlich bot man mir mit 16 einen Freiplatz an der Wiener Staatsakademie"*, schrieb sie später stolz in ihr Tagebuch – und lehnte doch ab. Denn älterer Bruder und restlicher Familienanhang schockten das junge Mädchen mit dem Schicksal einer Tante, die mit der Schauspielerei Haus

und Hof verloren hatte. Man wollte ihr den Traum
ausreden. *„Ganz aufgegeben habe ich aber nie"*, schrieb
sie.

Dass sie mit 24 Jahren heiratete, war vollkommen normal
und wurde zu ihrer Zeit keinesfalls als früh angesehen –
immerhin hatte ihr Franz Schwamberger schon Jahre

zuvor den Hof gemacht. Die
Verbindung wurde zwei
Jahre später mit einem Kind
besiegelt, doch waren
schon von Anfang an
Probleme finanzieller Natur
zu beklagen: Denn ihr Mann
war Teilhaber einer
Molkerei, die im Geburtsjahr
der Tochter aufgrund der
Veruntreuung durch seinen
Partner bankrott ging. Das

war für Paula keinesfalls eine ungewohnte Situation: Die
in Folge des Ersten Weltkriegs katastrophale Geldent-
wertung hatte in Kombination mit mehreren regnerischen
Sommern in den vergangenen Jahren ihre eigene
Familie schon schwer getroffen.

Paula begann in der Zwischenzeit Schritte in Richtung dessen zu machen, was ihr Selbstvertrauen ihr nun als Erwachsene gestattete: ihren Traum vom Schauspielen zu realisieren. In Mödling lernte sie den Gymnasial-professor Hermann Krause kennen, mit dem sie ab 1930 zunächst lokale „Bunte Abende" entwarf, die die beiden aufgrund ihrer Beliebtheit bald auch nach Wien führten, wo sie unter anderem im Café Landtmann gastierten. Wesentlich für sie waren auch die Zusammenarbeit und Auftritte mit dem Pianisten und Arrangeur Hans Bodjahan. Dazwischen musste sie freilich, wo sie konnte, weiterhin im elterlichen Betrieb helfen.

Zum Glück hatte sie dadurch in diesen Jahren ein eigenes Einkommen, denn die Karriere von Franz lief weiterhin nicht unbedingt rosig: Ein zweiter Versuch des Ehemanns, eine Molkerei, diesmal in Mödling zu

41

gründen, scheiterte und verschärfte die Situation der Familie, die sich erst verbesserte, als Österreich unter dem Hakenkreuz war, da der Einzug der national-sozialistischen Macht für manche eine wirtschaftliche Aufwärtsentwicklung brachte. So erhielt Franz 1938 eine Position als Sachbearbeiter im Weinbauwirtschafts-verband. Auch Paulas Karriere erfuhr jetzt einen Aufschwung: Neben ihrer Tätigkeit für „Kraft durch Freude" legte sie 1942 die Rundfunksaufnahmeprüfung ab und begann im selben Jahr Hörspiele zu schreiben.

Und doch war die Stabilisierung der Familiensituation nicht von langer Dauer. 1940 musste Franz einrücken – Paula war außer sich vor Sorge. Nachdem sie Mitte 1945 schon monatelang nichts von ihrem Mann gehört hatte, erreichte sie die Nachricht, dass ihr Mann als vermisst gemeldet wird. Im letzten Brief hatte er aus Tschechien vom Tod zahlreicher Kameraden, teilweise nach schwerer Folterung, geschrieben. Paula Schwamberger schrieb in ihrem Tagebuch: *„Wenn ich denke, dass er im September 1944 noch in Baden im Lazarett war, und man ihn krank wieder hinausschickte!"* Erschwerend zu dem Umstand, dass sie nun Alleinerzieherin war, kam noch, dass ihr Mann nicht als gefallen, sondern lediglich als vermisst galt, was bedeutete, dass sie erst ab 1949 eine Witwenrente beziehen konnte. Die Renovierung und Instandhaltung der Badeanstalt sowie die Weiterführung des Betriebes erforderten zudem nicht nur finanziellen, sondern auch massiven körperlichen Einsatz.

Trotz gesundheitlicher und psychischer Probleme in diesen Jahren gab sie sich nicht geschlagen. Ihre Tochter Erika schließlich ermutigte sie dazu, mit dem Schreiben von Geschichten anzufangen: *„1946 Herbst sagte ich meiner Mutter, daß sie mir ein Märchen aufschreiben soll. Sie hatte mir als Kind immer Geschichten erzählt und so wollte ich von ihr nun eines, um es als Buch selbst zu illustrieren und Franz (Schlemitz, der zukünftige Schwiegersohn; Anm. der Redaktion) wollte es aufschreiben. Seite für Seite ...*

Meine Mutter kam nun darauf, daß dies vielleicht für Zeitschriften, Rundfunk oder dergleichen auch finanziell etwas bringen könnte. Sie begann mit der schriftstellerischen Tätigkeit. Märchen, Gedichte, Kabarett, Hausfrauenratschläge und so weiter ..."

Ihre Texte kamen an – insbesondere die Kinderge-schichten stießen auf positive Resonanz, nachdem sie im

Schweizer Rundfunk ihr erstes Hörspiel namens *„Peperl der Schmutzfink"* aufgenommen hatte. Bald sprang auch der neu gegründete ORF auf den Zug auf: Insgesamt schrieb Paula Schwamberger 52 Märchen sowie Kinderhörspiele, Gedichte und Erzählungen für Erwachsene, von 1955-1968 schließlich Geschichten für die ORF-Sendung *„Das Traummännlein kommt"*.

Darüber hinaus veröffentlichte sie Printwerke: Die

Kinderbücher *„König Bumm"*, *„Zwerg Huckepucks Abenteuer und Schelmereien"*, *„Die goldene Schaukel und andere Geschichten und Märchen"*; aber auch den Gedichtband *„Licht und Schatten"* sowie Kurzgeschichten für die *„Wunderwelt"*.

Und auch einige Lieder komponierte und textete sie, unter anderem ein Mödlinglied.

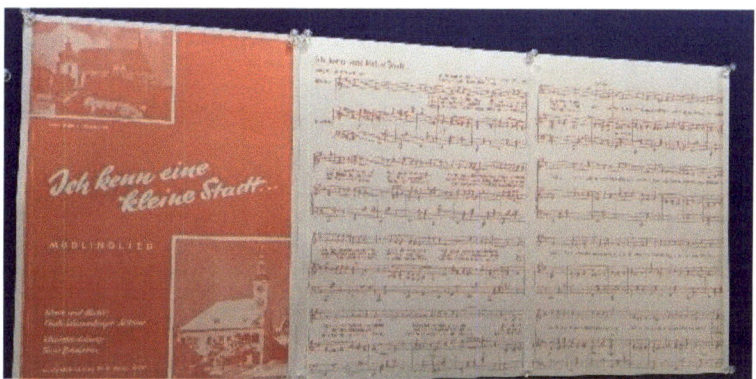

Mödling blieb sie treu: Bis ins hohe Alter war sie in der Literarischen Gesellschaft tätig und erhielt 1992 sogar die Ehrennadel der Stadt. Nur ein Jahr später starb sie im Alter von 91 Jahren.

Kurzbiografie Paula Schwamberger-Mildner

*10. Dezember 1902 als Tochter von Josef Mildner,

Stadtbaumeister in Wien, und Maria Schwarz

1906 Umzug nach Mödling, hier Pflichtschule,

Mädchenlyzeum und Matura

1926 Hochzeit mit Franz Schwamberger

1928 Geburt der Tochter Erika

1930 Artistenprüfung in Schauspiel und Vortrag

Auftritte in Wien und Mödling

1938 Bühnenringprüfung

1940 Beitritt zur Reichsfilmkammer

1942 Rundfunkaufnahmeprüfung Reichsrundfunkgesellschaft,

vormals RAWAG

Sie schreibt Hörspiele und ab 1946 auch Märchen

Veröffentlichungen von Theaterstücken und Kinderbüchern

1973-1981 Auftritte bei Kulturgemeinschaft „Der Kreis" und

ab 1977 bei der Literarischen Gesellschaft Mödling

1992 Ehrennadel der Stadt Mödling in Gold

Sie stirbt am 20. November 1993 in Mödling

Quellen: Tagebücher, Aufzeichnungen und Fotos zur Verfügung gestellt von Karin Grohmann und Erika Zimmel, Enkeltöchter von Paula Schwamberger. Weiterführende Informationen und Beratung durch Frau Mag. Helga Stangler sowie Dr. Christian Matzner, Bezirksmuseumsverein Mödling
Abb. S. 39 Paula Mildner in Jugendjahren
Abb. S. 40 Hochzeitsfoto Paula Mildner und Franz Schwamberger 1926
Abb. S. 41 Schwarzbad Neusiedlerstraße 30
Abb. S. 44 Titelseite „König Bumm"
Abb. S. 45 Notenheft „Mödlinglied"

Ruth Roschanz

Es gibt Biografien, durch die ziehen sich Risse, so tief, dass sie sich durch nichts wieder schließen lassen. Und dann gibt es Werke, die Dinge zueinander in unmittelbare Nähe setzen, die sich zuvor nicht einmal zu berühren schienen – die die unüberbrückbare Absurdität und Widersprüchlichkeit des Lebens in ein Ganzes bringen. Von beidem könnte Ruth Roschanz ein Lied singen – ihre Bilder seien „beklemmend", wurde oft gesagt, ihre Arbeitsweise über die Jahre polarisierend in ihrer Stilistik. Da prallen von russischer Ikonographie geprägte Bilder auf expressionistische Werke, bis hin zu fast kubistisch wirkenden Köpfen, die sich in stillem Grauen zu betrachten scheinen. Vertieft man sich in ihr Schaffen, so fällt einem schnell auf, dass ihre Lebensdaten ebenso verborgen bleiben wie die genauen Hintergründe ihrer Arbeiten.

Ruth Roschanz sprach nicht oft von ihrer Kindheit. Woher das Suchen kam, das Ausfüllenwollen dieser doch so produktiven Leerstelle, musste ihren Freunden und Zeitgenossen, vor allem aber der Nachwelt verborgen bleiben. Als Kind österreichischer Eltern wurde sie in Hamburg geboren, wo ihre Mutter an einem Theater als Bühnenbildnerin engagiert war und in der Tochter so früh das Interesse an Kunst weckte.

Fest steht, dass sie es als katholisch getauftes Kind jüdischer Eltern in der Zeit des Nationalsozialismus´ ungleich schwieriger hatte als viele andere Frauen – ihre beiden Eltern überlebten die Verfolgung durch die Nazis nicht. Ruth selbst war rechtzeitig aufs Land geschickt worden, um bei einer Bauernfamilie in Westfalen versteckt die Kriegsjahre zu überdauern. 1933, gerade einmal 15-jährig, musste sie fern der Familie ausharren, die sie nie wiedersehen würde. Trotz des einfacheren Lebens auf dem Lande, fern der Großstadt, wurde ihr künstlerisches Talent vom Land Westfalen gefördert; sie besuchte einen Bildhauerkurs.

Als der Krieg endlich vorbei war, fasste Ruth Roschanz einen Plan: Sie möchte nach Wien, in die Heimatstadt ihrer Mutter gehen, um von dort aus nach Italien zu reisen und Kunst zu machen. Diese Zeit muss schwer für sie gewesen sein: Ohne wirkliche Wurzeln zu haben, brach sie in eine „Heimat" auf, die ihr im Grunde fremd war.

Es schien ihr wohl wie ein glücklicher Zufall, als sie auf der Fahrt einen Pater aus Sankt Gabriel kennen lernte – sie beschloss, ihn zu besuchen, und stieß auf die Stadt Mödling, die eine wichtige Station in ihrem Leben werden sollte. Offensichtlich war Ruth Roschanz sehr beeindruckt von der Begegnung. Sie zog zunächst in die Wiener Straße 29. In der Nansengasse pflegte sie eine Frau, die ihr später ihr Haus vererbte. Dieses bezog sie nach dem Ableben der Frau.

Ruth Roschanz lebte sich schnell in Mödling ein und fand zu tiefer Religiosität, die sich in Kunst und Leben, in Studium und Alltag auszudrücken begann: Sie verbrachte ab 1947 viel Zeit im Umfeld von St. Gabriel, interessierte sich für byzantinische Kunst und begann sogar ein Studium der Ethnologie, um ein noch tieferes Verständnis der Dinge zu erlangen. Der Zusammenhalt im Kloster und die

Gemeinschaft der Gläubigen schienen ihr etwas zu geben, was sie familiär seit langem vermisste. Sie plante ihre Zukunft in Österreich und erhielt im Jahr 1950 die Staatsbürgerschaft.

Indessen war sie unablässig am Arbeiten: Angeregt durch ihre Studien der russisch-orthodoxen Ikonographie begann sie selbst in diesem Stil zu malen, arbeitete nebenher künstlerisch und restauratorisch für das Museum Mödling und das Missionsmuseum in St. Gabriel. Ihre Religiosität schwand dabei keinesfalls im

Laufe der Jahre, sondern steigerte sich noch: 1974 wurde sie Mitglied der russisch-orthodoxen Kirche, 1976 ließ sie sich zur Nonne weihen, erhielt den Namen Schwester Roufinya und ging 1980 in ein Kloster in der Nähe von Paris, wo sie sich in die Ikonenmalerei versenken und zu sich selbst finden wollte.

Dabei hatte ihr künstlerischer Werdegang zunächst gar nicht so sakral angemutet: 1950 bis 1954 studierte sie an der Akademie der Bildenden Künste in Wien bei Herbert Boeckl und Prof. Hoffmann. Bei Pariser Ausstellungen ihrer expressionistischen Kunst hatte sie Jean-Paul Sartre und Simone de Beauvoir kennen gelernt, bewegte sich in Intellektuellenkreisen und konnte ihr bemerkenswertes Bild *„Anne Frank mit einem verträumten und einem wachen Auge"* sehr gut verkaufen. Ihre kreative Vielseitigkeit zeigte zudem die Tatsache, dass sie auch Angewandte Kunst produzierte, unter anderem Logos und Programme für das Wiener Konzerthaus. Freundschaft verband sie mit der Schauspielerin Traute Eschelmüller und mit Thea Sölder-Prakenstein. Deren Sohn Roland erinnert sich vor allem an ihre nahezu sarkastischen Aussagen sowie an ihre *„schräge, fast quergestellte Persönlichkeit"*, die sie war, denn ihre Meinungen vehement zu vertreten scheute sich Roschanz niemals. Mit einem Wort: Ruth Roschanz war keinesfalls so, wie man sich eine typische Nonne vorstellt.

1980 übersiedelte sie zwar in jenes Kloster in Frankreich, jedoch das Leben dort erfüllte nicht ganz ihre Erwartungen: Sie hatte sich Geborgenheit und ein Zur-

Ruhe-Kommen erhofft, das sie auch hier nicht finden konnte, und kehrte zurück. 1981 führte sie ihr Weg nach Düsseldorf, wo sie in der bischöflichen Kapelle der russisch-orthodoxen Gemeinde überlebensgroße Ikonen malte. Ab 1980 bis zu ihrem Tod kam sie regelmäßig ein bis zwei Mal im Jahr nach Mödling. Nachdem sie das Haus in der Nansengasse, wo noch ihre Bilder untergebracht waren, verkauft hatte, erwarb sie eine Garconniere in der Parkstraße 2.

Auch künstlerisch blieb sie eng mit der Stadt verwoben, engagierte sich nicht nur im Künstlerbund, mit dessen Mitgliedern sie teils langjährige Freundschaft verband. Auch in ihren Werken reflektierte sie die Stadt durchaus:

So gibt es eine Federzeichnung, die den geplanten Abbruch des Ratz-Hauses in Mödling thematisiert, mit der bissigen Unterschrift „Was kommt noch ..." Ein anderes Bild zeigt eine menschenleere, düstere Elisabethstraße, eine Gouache mit dem Titel „Fasching in Mödling" – denn Ruth Roschanz war auch durchaus für ihre spitzen, ironischen Botschaften bekannt.

Obwohl sich ihr Schaffen viele Jahre um nichts anderes als Ikonenmalerei und byzantinische Kunst drehte, ja sie sogar ein eigenes Zimmer mit dieser Kunstform bestückt hatte, kehrte sie im Alter wieder zu ihren expressionistischen Wurzeln zurück. Letztlich blieb sie in

 Horneburg als Mitglied der russisch-orthodoxen Gemeinde. In ihren späten Jahren wurde sie von einer Dame betreut. Als Ruth Roschanz am 2. Juni 1993 starb, erhielt diese auch ihren Nachlass – ausgenommen jener Bilder, die sich schon seit den 80er-Jahren bei der vorher erwähnten befreundeten Familie Sölder befanden.

Für das Jahr 2018 initiiert Christian Matzner im Mödlinger Museum eine ihr gewidmete Ausstellung. Im gleichen Jahr wird auch das Grab in Horneburg/Deutschland aufgelassen. Der Engel, den sie selbst für ihr Grab gestaltet hatte, wird dann wieder nach Mödling übersiedeln.

Sie blieb, was sie immer gewesen war: Eine unorthodoxe orthodoxe Nonne.

Kurzbiografie Ruth Roschanz

*18. Mai 1918 in Hamburg

1933-1945 lebt sie in Westfalen

ab 1948 wohnhaft in Mödling

1949-1955 Studium der Malerei an der Akademie der Bildenden Künste, sie lebt als freischaffende Künstlerin

60er und 70er Jahre: Ausstellungen in Paris, Amsterdam, Wien, Düsseldorf und Graz

1976 wird sie Nonne der russisch-orthodoxen Kirche

1980 Übersiedlung in ein russisch-orthodoxes Kloster bei Paris, künstlerisch widmet sie sich der byzantinischen Ikonenmalerei

1981-1983 lebt sie in Düsseldorf, danach bis zu ihrem Tod in Horneburg, Hinwendung zu ihrem expressionistischen Stil

Sie stirbt am 2. Juni 1993 in Horneburg

Quellen: Gespräch mit Roland Sölder; Katalog zur Ausstellung "Unbekanntes aus drei Jahrhunderten", Mödlinger Maler im Museum Mödling, Februar 2016
Fotos: Privatarchiv Sölder, Dr. Gaby Schätzle Edelbauer
Abb. S. 49 Wohnhaus von Ruth Roschanz in der Nansengasse
Abb. S. 50 Ikone
Abb. S. 52 Ruth Roschanz bei der Arbeit
Abb. S. 53 Expressionistisches Gemälde „Begegnung", 1968

Maria von Schmedes

„Auf Posten in einsamer Nacht,

Da steht ein Soldat und hält Wacht,

Träumt von Hanne und dem Glück,

Das zu Hause blieb zurück.

Die Wolken am Himmel, sie ziehn

Ja alle zur Heimat dahin,

Und sein Herz, das denkt ganz still für sich:

Dahin ziehe einmal auch ich. "[10]

Durchhalteschlager: Ein Lied, das eine einzelne Person oder eine ganze Gruppe in schweren Zeiten dazu ermuntert, die Moral hochzuhalten und die Ruhe zu bewahren. Zum sicherlich berühmtesten Durchhaltespruch ist das britische „Keep Calm and Carry On" geworden, doch in vielen Fällen hat auch ein Lied – eben ein Schlager – diese Aufgabe übernommen. Zum Beispiel Maria von Schmedes' 1942 veröffentlichtes Lied „Es geht alles vorüber", das von einem Soldaten, der sich nach der Heimat sehnt, handelt.

„Es geht alles vorüber,

Es geht alles vorbei;

Auf jeden Dezember

Folgt wieder ein Mai.

Es geht alles vorüber,

Es geht alles vorbei;

Doch zwei, die sich lieben,

die bleiben sich treu.“[11]

Maria von Schmedes war, was ihre Lebensdaten anbelangt, ein Kind des Krieges. Geboren 1917, mitten in den Ersten Weltkrieg, wuchs die Mödlingerin in einer turbulenten Welt auf. Dennoch zog es sie schon früh zur Kleinkunst, insbesondere der Musik, und sie machte als Jugendliche erste Versuche am Akkordeon. Als junge Frau begann sie eine einjährige Schauspielausbildung im nahen Wien, spezialisierte sich jedoch auf die Musik und gründete eine eigene Kapelle, mit der sie eine Tournee durch die Balkanländer unternahm.

Dem fröhlichen Reisen machte jedoch der Zweite Weltkrieg einen Strich durch die Rechnung: Als Maria von Schmedes 21 Jahre alt war, erfolgte der Anschluss Österreichs an Hitler-Deutschland. Damit, dass sich das

Land nun den Eroberungsfeldzügen verschrieb, hörte ihre gesangliche Karriere noch lange nicht auf: Zu gerne wollten die Menschen gerade in diesen Zeiten unterhalten werden, zu dringlich war das Bedürfnis nach Ablenkung von den ewigen Frontnachrichten.

Zu dieser Zeit lernte Schmedes den Komponisten und Musiker Peter Kreuder kennen, der in den 30ern nicht nur ein gefragter Verfasser von Schlagern war, sondern auch ein Anhänger des Nationalsozialismus´ – einer, der schon 1932 beigetreten war, einer, der Kontakte im Unterhaltungsnetzwerk der Nazis hatte und die Musik zum einen oder anderen Propagandafilm beisteuerte. Die junge, charismatische Frau gefiel ihm und er nahm sie 1939 auf eine Tournee mit, auf der Maria von Schmedes die ganze Palette ihrer Talente ausspielen konnte: In acht Sprachen sang sie Lieder, spielte dabei Akkordeon und hatte, wie man bald bemerkte, auch durchaus Witz.

Besonders liebte man ihre Interpretationen von Schlager- und Wienerliedern, die sie hinauf und hinunter spielen konnte: Alexander Steinbrecher, Ralph Benatzky, Karl

Föderl, Ludwig Schmidseder und Hans Weiner-Dillmann, daneben natürlich die Klassiker, die das Publikum mitsingen konnte.

„Und als sie voll Sehnsucht ihn rief
Da schrieb er ihr gleich einen Brief
Liebe Hanne, bleib mir gut
Und verliere nicht den Mut
Denn gibt es auch Zunder und Dreck
Das alles, das geht wieder weg
Und vom Schützen bis zum Leutenant
Da ist die Parole bekannt"[12]

Mit ihren Programmen eroberte sie sich zudem einen Platz im ernsteren Konzertbetrieb, gastierte 1939 in der Berliner Philharmonie, 1940 im Wiener Konzerthaus. Nebenbei fielen ihr auch erste kleine Filmrollen zu, sie erhielt sogar ein Engagement an der Berliner Scala und später am „Kabarett der Komiker" von

Will Schaeffers, wo sie ihr schon lange bekanntes komödiantisches Talent noch besser unter Beweis stellen konnte.

Aber nichts übertraf den Erfolg, den sie mit ihren Durchhalteschlagern zu Kriegszeiten hatte: Neben *„Es geht alles vorüber"*, der überaus großen Erfolg hatte, waren das auch *„Hein Mück"*, ein Schlager mit optimistisch-fröhlichem Text oder *„Zum Abschied reich ich dir die Hände"*, der eher romantisch angelegt ist.

„Es geht alles vorüber,
Es geht alles vorbei;
Auf jeden Dezember
Folgt wieder ein Mai.
Es geht alles vorüber,
Es geht alles vorbei;
Doch zwei, die sich lieben,
die bleiben sich treu"[13]

Was interessanterweise nicht vorüberging, war Maria von Schmedes´ Karriere, als der Krieg endlich zu Ende war. Ohne größere Schwierigkeiten wechselte sie ins komische Fach und tauschte die sentimentalen

Trennungslieder von der Front gegen die nun gefragten Nummern mit Wiener Schmäh – Titel wie „I kann net bügeln", „Zwischen Simmering und Favoriten", „Oh Susanna" oder „Ma soll sich, wi ma in Wien sagt, net zu viel alteriern".

Maria von Schmedes war eine begabte Networkerin – zu einer Zeit, in der das ganze Land in Trümmern lag und die Branche sich erst sortieren musste, fraternisierte sie längst mit den übrig gebliebenen Großen im

Unterhaltungsbusiness – und schaffte später auch den Sprung auf die Bühne neben Legenden wie Peter Frankenfeld, Hans-Joachim Kulenkampff und Udo Jürgens. Auch Filmrollen erhielt sie wieder und trat unter anderem in „Die große Chance Nr. 100 000" auf.

Anfang der 60er brach sie radikal mit ihrer Karriere und kehrte, gerade einmal 43-jährig, nicht wieder auf die Bühne zurück – die Gründe dafür waren privat, wie man hörte.

Sie lebte mit ihrem Mann, dem Kunsthistoriker Hans Sedlmayr, ab 1963 in Salzburg und hatte eine Tochter.

2003 starb Maria von Schmedes 85-jährig im Kreise ihrer Familie.

Kurzbiografie Maria von Schmedes

*6. Oktober 1917 in Mödling
Einjährige Schauspielausbildung in Wien, bereist danach mit
ihrer eigenen Kapelle den Balkan
1939 mehrwöchige Tournee mit Peter Kreuder und seiner
Band und Auftritt in der Berliner Philharmonie
1940 Synchronsängerin für Jenny Jugo im Film „Nanette"
1942-1943 verschiedene Rollen als Sängerin,
internationale Tourneen, Zusammenarbeit mit Peter
Frankenfeld, Hans-Joachim Kulenkampff und Udo Jürgens
1950er: eine Reihe von Schallplattenaufnahmen
1956 bis 1960 Auftritte in Film und Fernsehen
zieht sich Anfang der 1960er aus privaten Gründen zurück und
lebt ab 1963 mit ihrem Mann und ihrer Tochter in Salzburg
Sie stirbt 23. Februar 2003 in Salzburg

Anm. 10-13: Durchhalteschlager „Es geht alles vorüber, es geht alles vorbei"; Text: Wallner/ Feltz, Komponist: Fred Raymond
Quelle: http://lyricstranslate.com/de/maria-von-schmedes-es-geht-alles-vor%C3%BCber-es-geht-alles-vorbei-lyrics.html
Weitere Quellen: http://derstandard.at/1222152/Maria-von-Schmedes-85-jaehrig-gestorben, Zugriff: 27.05.17.
Monika Kornberger, Art. „Schmedes, Maria von", in: Oesterreichisches Musiklexikon online, Zugriff: 27.5.2017 (http://www.musiklexikon.ac.at/ml/musik_S/Schmedes_Maria.xml)
https://www.jpc.de/jpcng/poprock/detail/-/art/maria-von-schmedes-i-hab-rote-haar-50-grosse-erfolge/hnum/5878184, Zugriff: 27.05.2017.
http://www.imdb.com/name/nm1368393/, Zugriff: 27.05.2017.
http://www.schlagerbar.ch/interpret/detail.php?tr=49&su=WHERE%20interpret%20LIKE%20%27m%25%27&pos=18, Zugriff: 27.05.2017.
https://de.wikipedia.org/wiki/Maria_von_Schmedes, Zugriff: 28.05.2017
Abb. S. 59 https://www.designundklassiker.de/Buecher/Varia/Maria-von-Schmedes-singt-fuer-Euch-Notenheft::3883.html?language=de#group3883-2
Abb.S. 61 CD - https://www.spectre-media.com/schlager/maria-von-schmedes/

Biografien der Herausgeberinnen:

Dr. Gabriele-Schätzle-Edelbauer (*1957, Freiburg im Schwarzwald), Studium der Ethnologie in Wien. Publikationen über „Spuren der Südsee in Wien" u.a. Als Journalistin tätig bei den NÖ Nachrichten, Vortragstätigkeit, Englischtrainerin beim WIFI und VHS.

Sylvia Unterrader (*1953, Mödling), Schriftstellerin und Kulturmanagerin. Organisation zahlreicher kultureller Projekte; Vortragstätigkeit im In- und Ausland. Mehrere Veröffentlichungen, u.a. „Distanzen" (Literaturedition NÖ 2006), sowie Herausgabe von Anthologien.

Lena Treitler (*1993, Wien), Studentin an der Universität Wien: Deutsch, Geschichte und Numismatik.

Raphaela Edelbauer (*1990, Wien), studierte nach der Matura 2008 Sprachkunst an der Universität für Angewandte Kunst unter Robert Schindel. Seit 2012 Studium der Philosophie an der Universität Wien. 2008 Vortrag beim Ludwig Wittgenstein Symposium. Publikation in Literaturzeitschriften und Lesetätigkeit, zuletzt "Ein Bestiarium" in der JENNY (De Gruyter).

Grundlegende Richtung des Vereins „Vielzeitig":
Der Verein bezweckt Geschichte transparent zu machen, Zusammenhänge aufzuzeigen und für geschichtliche Prozesse zu sensibilisieren sowie deren Relevanz in der Gegenwart zu vermitteln, darunter fällt beispielsweise die Sichtbarmachung oft vergessener Persönlichkeiten, die in der Vergangenheit und Gegenwart kulturelle, soziale und gesellschaftliche Leistungen erbracht haben oder sonstwie eine Rolle gespielt haben, sowie der dazugehörigen Orte und Plätze, Wohn- oder Wirkstätten.

Impressum:
Vielzeitig – Verein für die Vermittlung von Zeitgeschichte
Jakob Thoma-Straße 6
2340 Mödling
E-Mail: vielzeitig@gmx.at

Redaktion:
Dr. Gaby Schätzle-Edelbauer, Sylvia Unterrader, Lena Treitler, Raphaela Edelbauer

Recherche und Lektorat:
Dr. Gaby Schätzle-Edelbauer, Sylvia Unterrader, Lena Treitler

Textentwürfe Biografien:
Raphaela Edelbauer

Layout:
Sylvia Unterrader, Lena Treitler

Titelfoto: Ausschnitt aus dem Bild „Der Mahner" von Ruth Roschanz; Abdruck mit freundlicher Genehmigung von Roland Sölder-Prakenstein.

Wir danken allen Personen und Institutionen, die uns bei Recherche und Vorbereitung für diese Publikation unterstützt haben und mit Material, Zeit oder finanziell zur Verwirklichung beigetragen haben.
Gleichzeitig bitten wir um Nachsicht und Entschuldigung bezüglich eventuell fehlender Quellen, da wir manche nicht eruieren konnten.

ISBN 9783746019079

Lesen Sie auch den ersten Band „Frauenspuren in Mödling": Mit Porträts von Lola Solar, Lisl Engels, Maria Janitschek, Gertrud von den Brincken, Melanie Wissor und Hermine Regal.

Herausgegeben von Gabriele Schätzle-Edelbauer, Sylvia Unterrader, Raphaela Edelbauer und Lena Treitler, Mödling 2016.

Broschiert, 48 Seiten, ill., ISBN: 9783739238463, € 8.

Erhältlich u.a. in der Tourismusstelle Mödling, Museum Mödling, Buchhandlung Kral Mödling und St. Gabriel.